Livret de Prières

A Simple Prayer Book

English - Français

All booklets are published thanks to the generous support of the members of the Catholic Truth Society

CATHOLIC TRUTH SOCIETY
PUBLISHERS TO THE HOLY SEE

Contents

Basic Prayers 4
    Our Father 4
    Hail Mary 4
    Glory Be 4

The Order of Mass 6

Common Prayers 76
    Benedictus 76
    Angelus 78
    Magnificat 80
    Holy Rosary 82
    Hail Holy Queen 84
    Litany of the Virgin Mary 86
    Memorare 88
    Regina Caeli 88
    Act of Contrition 90
    Act of Faith 90
    Act of Hope 90
    Act of Charity 92
    Eternal Rest 92
    Prayer to my Guardian Angel 92
    Anima Christi 94
    Under your protection 94

Table des matières

Prières Élémentaires. 5
   Notre Père 5
   Je vous salue, Marie 5
   Gloire au Père 5

Liturgie de la Messe. 7

Prières Courantes 77
   Béni soit le Seigneur (Benedictus) 77
   Angélus. 79
   Mon âme exalte le Seigneur (Magnificat) 81
   Le Saint Rosaire 83
   Salut, Reine, mère de miséricorde (Salve Regina) 85
   Litanies de la Sainte Vierge 87
   Souvenez-vous (Memorare) 89
   Reine du Ciel (Regina Caeli) 89
   Acte de contrition 91
   Acte de foi. 91
   Acte d'espérance. 91
   Acte de charité 93
   Prière pour les âmes du purgatoire 93
   Prière à l'Ange gardien 93
   Âme de Jésus Christ (Anima Christi) 95
   Sous votre protection 95

Basic Prayers

Our Father

Our Father, who art in heaven, hallowed be thy name. Thy Kingdom come. Thy will be done on earth as it is in heaven. Give us this day our daily bread, and forgive us our trespasses, as we forgive those who trespass against us, and lead us not into temptation, but deliver us from evil. Amen.

Hail Mary

Hail, Mary, full of grace, the Lord is with thee: blessed art thou among women, and blessed is the fruit of thy womb, Jesus. Holy Mary, Mother of God, pray for us sinners, now, and at the hour of our death. Amen.

Glory be to the Father

Glory be to the Father, and to the Son, and to the Holy Spirit. As it was in the beginning, is now, and ever shall be, world without end. Amen.

Prières Élémentaires

Notre Père

Notre Père, qui es aux cieux, que ton nom soit sanctifié
Que ton règne vienne, que ta volonté soit faite
Sur la terre comme au ciel.
Donne-nous aujourd'hui notre pain de ce jour,
Pardonne-nous nos offenses,
Comme nous pardonnons aussi
A ceux qui nous ont offensés.
Et ne nous soumets pas à la tentation,
Mais délivre-nous du mal. Amen.

Je vous salue, Marie

Je vous salue, Marie, pleine de grâce,
Le Seigneur est avec vous,
Vous êtes bénie entre toutes les femmes
Et Jésus, le fruit de vos entrailles est béni.
Sainte Marie, mère de Dieu
Priez pour nous, pauvres pécheurs,
Maintenant et à l'heure de notre mort. Amen.

Gloire au Père

Gloire au Père, au Fils et au Saint Esprit.
Comme il était au commencement, maintenant et toujours
pour les siècles des siècles. Amen.

The Order of Mass

Introductory Rites

The faithful dispose themselves properly to celebrate the Eucharist.

Before Mass begins, the people gather in a spirit of recollection, preparing for their participation in the Mass. All stand during the entrance procession.

Sign of the Cross

After the Entrance Chant, the Priest and the faithful sign themselves with the Sign of the Cross:

Priest: In the name of the Father, and of the Son, and of the Holy Spirit.

Response: Amen.

Greeting

The Priest greets the people, with one of the following:

1. Pr. The grace of our Lord Jesus Christ,
and the love of God,
and the communion of the Holy Spirit
be with you all.

2. Pr. Grace to you and peace from God our Father
and the Lord Jesus Christ.

3. Pr. The Lord be with you.

The people reply:

R. And with your spirit.

LITURGIE DE LA MESSE

OUVERTURE DE LA CELEBRATION

Debout - On récite l'antienne d'ouverture s'il n'y a pas de chant d'entrée.

Prêtre: Au nom du Père, et du Fils
et du Saint Esprit.
Assemblée: Amen.

1. Pr. La grâce de Jésus notre Seigneur,
l'amour de Dieu
le Père et la communion de l'Esprit Saint
soient toujours avec vous.
A. Et avec votre esprit.
2. Pr. Que Dieu notre Père et Jésus Christ notre Seigneur
vous donnent la grâce et la paix.
A. Béni soit Dieu, maintenant et toujours!
3. Pr. Le Seigneur soit avec vous.
A. Et avec votre esprit.

The Priest, or a Deacon, or another minister, may very briefly introduce the faithful to the Mass of the day.

Penitential Act

There are three forms of the Penitential Act which may be chosen from as appropriate.

Pr. Brethren (brothers and sisters),
   let us acknowledge our sins,
and so prepare ourselves to celebrate the sacred mysteries.
A brief pause for silence follows.
Then one of the following forms is used:

**1. I confess to almighty God
and to you, my brothers and sisters,
that I have greatly sinned,
in my thoughts and in my words,
in what I have done and in what I have failed to do,**
(*and, striking their breast, they say:*)
**through my fault, through my fault,
through my most grievous fault;
therefore I ask blessed Mary ever-Virgin,
all the Angels and Saints,
and you, my brothers and sisters,
to pray for me to the Lord our God.**

---

2. Pr. Have mercy on us, O Lord.
R. For we have sinned against you.
Pr. Show us, O Lord, your mercy.
R. And grant us your salvation.

Préparation Pénitentielle

Pr. Préparons-nous à la célébration de l'Eucharistie en reconnaissant que nous sommes pécheurs.

Je confesse à Dieu tout-puissant,
je reconnais devant mes frères,
que j'ai péché en pensée, en parole,
par action et par omission;
oui, j'ai vraiment péché.
C'est pourquoi je supplie la Vierge Marie,
les Anges et tous les Saints,
et vous aussi mes frères,
de prier pour moi le Seigneur notre Dieu.

Invocations naming the gracious works of the Lord may be made, as in the example below:

3. Pr. You were sent to heal the contrite of heart:
| Lord, have mercy. | *Or:* | Kyrie, eleison. |
| **R. Lord, have mercy.** | *Or:* | **Kyrie, eleison.** |

Pr. You came to call sinners:
| Christ, have mercy. | *Or:* | Christe, eleison. |
| **R. Christ, have mercy.** | *Or:* | **Christe, eleison.** |

Pr. You are seated at the right hand of the Father to intercede for us:
| Lord, have mercy. | *Or:* | Kyrie, eleison. |
| **R. Lord, have mercy.** | *Or:* | **Kyrie, eleison.** |

The absolution by the Priest follows:
Pr. May almighty God have mercy on us,
forgive us our sins,
and bring us to everlasting life.
R. Amen.

The Kyrie, eleison *(*Lord, have mercy*) invocations follow, unless they have just occurred.*

Pr. Lord, have mercy.	**R. Lord, have mercy.**
Pr. Christ, have mercy.	**R. Christ, have mercy.**
Pr. Lord, have mercy.	**R. Lord, have mercy.**

Or:
Pr. Kyrie, eleison.	**R. Kyrie, eleison.**
Pr. Christe, eleison.	**R. Christe, eleison.**
Pr. Kyrie, eleison.	**R. Kyrie, eleison.**

Pr. Que Dieu tout-puissant nous fasse miséricorde; qu'il nous pardonne nos péchés et nous conduise à la vie éternelle.
A. Amen.

Kyrie
Pr. Seigneur, prends pitié.
A. Seigneur, prends pitié.
Pr. O Christ, prends pitié.
A. O Christ, prends pitié.
Pr. Seigneur, prends pitié.
A. Seigneur, prends pitié.

The Gloria

On Sundays (outside of Advent and Lent), Solemnities and Feast Days, this hymn is either sung or said:

**Glory to God in the highest,
and on earth peace to people of good will.**

**We praise you,
we bless you,
we adore you,
we glorify you,
we give you thanks for your great glory,
Lord God, heavenly King,
O God, almighty Father.**

**Lord Jesus Christ, Only Begotten Son,
Lord God, Lamb of God, Son of the Father,
you take away the sins of the world, have mercy on us;
you take away the sins of the world, receive our prayer;
you are seated at the right hand of the Father,
   have mercy on us.
For you alone are the Holy One,
you alone are the Lord,
you alone are the Most High,
Jesus Christ,
with the Holy Spirit,
in the glory of God the Father.
Amen.**

Gloria

Les dimanches et jours de fête, on récite ou chante l'hymne:

Gloire à Dieu, au plus haut des cieux,
et paix sur la terre aux hommes qu'Il aime.

Nous te louons,
nous te bénissons,
nous t'adorons,
nous te glorifions, nous te rendons grâce pour ton immense gloire,
Seigneur Dieu, Roi du ciel,
Dieu le Père tout-puissant.

Seigneur, Fils unique, Jésus Christ,
Seigneur Dieu, Agneau de Dieu, le Fils du Père,
toi qui enlèves le péché du monde, prends pitié de nous;
toi qui enlèves le péché du monde, reçois notre prière;
toi qui es assis à la droite du Père, prends pitié de nous.

Car toi seul es Saint,
toi seul es Seigneur,
toi seul es le Très-Haut:
Jésus Christ,
avec le Saint Esprit
dans la gloire de Dieu le Père.
Amen.

When this hymn is concluded, the Priest, says:
Pr. Let us pray.
And all pray in silence. Then the Priest says the Collect prayer, which ends:
R. Amen.

THE LITURGY OF THE WORD

By hearing the word proclaimed in worship, the faithful again enter into a dialogue with God.

First Reading

The reader goes to the ambo and proclaims the First Reading, while all sit and listen. The reader ends:
The word of the Lord.
R. Thanks be to God.
It is appropriate to have a brief time of quiet between readings as those present take the word of God to heart.

Psalm

The psalmist or cantor sings or says the Psalm, with the people making the response.

Second Reading

On Sundays and certain other days there is a second reading. It concludes with the same response as above.

Gospel

The assembly stands for the Gospel Acclamation. Except during Lent the Acclamation is:
R. Alleluia

Le prêtre invite l'assemblée à la prière en disant: Prions.
Après un moment de silence le prêtre présente à Dieu le prière de tous, et les fidèles donnent leur assentiment.
Pr. ... et pour les siècles des siècles.
A. Amen.

LITURGIE DE LA PAROLE

Le lecteur proclame la première lecture. Tous l'écoutent assis. Le lecteur conclut:

Lecteur. Parole de Dieu.
A. Rendons grâce à Dieu.
Alors suit le psaume, auquel l'assemblée répond par un refrain. S'il y a une seconde lecture, on conclut comme avant:
L. Parole de Dieu.
A. Rendons grâce à Dieu.

L'Alléluia, ou autre chant, acclame l'Evangile.
L'assemblée se met debout:

During Lent the following forms are used:
R. Praise to you, O Christ, king of eternal glory! *Or*:
R. Praise and honour to you, Lord Jesus! *Or*:
R. Glory and praise to you, O Christ! *Or*:
R. Glory to you, O Christ, you are the Word of God!
At the ambo the Deacon, or the Priest says:
Pr. The Lord be with you.
R. And with your spirit.
Pr. A reading from the holy Gospel according to *N*.
He makes the Sign of the Cross on the book and, together with the people, on his forehead, lips, and breast.
R. Glory to you, O Lord.
At the end of the Gospel:
Pr. The Gospel of the Lord.
R. Praise to you, Lord Jesus Christ.
After the Gospel all sit to listen to the homily.

The Homily
Then follows the Homily, which is preached by a Priest or Deacon on all Sundays and Holydays of Obligation. After a brief silence all stand.

The Creed
On Sundays and Solemnities, the Profession of Faith will follow. The Apostles' Creed may be used.

Pr. Le Seigneur soit avec vous.
A. Et avec votre esprit.

Pr. Evangile de Jésus Christ selon...
A. Gloire à toi, Seigneur.
A la fin de l'Evangile:
Pr. Acclamons la Parole de Dieu.
A. Louange à toi, Seigneur Jésus.
Les dimanches et solennités il y a une homélie.

Homélie

Credo

The Niceno-Constantinopolitan Creed

I believe in one God,
the Father almighty,
maker of heaven and earth,
of all things visible and invisible.

I believe in one Lord Jesus Christ,
the Only Begotten Son of God,
born of the Father before all ages.
God from God, Light from Light,
true God from true God,
begotten, not made, consubstantial with the Father;
through him all things were made.
For us men and for our salvation
he came down from heaven, (*all bow*)
and by the Holy Spirit was incarnate of the Virgin Mary,
and became man.

For our sake he was crucified under Pontius Pilate,
he suffered death and was buried,
and rose again on the third day
in accordance with the Scriptures.
He ascended into heaven
and is seated at the right hand of the Father.
He will come again in glory
to judge the living and the dead
and his kingdom will have no end.
I believe in the Holy Spirit, the Lord, the giver of life,
who proceeds from the Father and the Son,

Credo ou Profession de foi

Je crois en un seul Dieu,
le Père tout-puissant,
créateur du ciel et de la terre,
de l'univers visible et invisible.

Je crois en un seul Seigneur, Jésus Christ,
le Fils unique de Dieu,
né du Père avant tous les siècles:
il est Dieu, né de Dieu, lumière, née de la lumière,
vrai Dieu, né du vrai Dieu,
engendré, non pas créé, de même nature que le Père;
et par lui tout a été fait.
Pour nous les hommes, et pour notre salut,
il descendit du ciel;
par l'Esprit Saint, il a pris chair de la Vierge Marie,
et s'est fait homme.

Crucifié pour nous sous Ponce Pilate,
il souffrit sa passion et fut mis au tombeau.
Il ressuscita le troisième jour,
conformément aux Ecritures,
et il monta au ciel;
il est assis à la droite du Père.
Il reviendra dans la gloire,
pour juger les vivants et les morts;
et son règne n'aura pas de fin.
Je crois en l'Esprit Saint, qui est Seigneur et qui

who with the Father and the Son is adored and glorified,
who has spoken through the prophets.

I believe in one, holy, catholic and apostolic Church.
I confess one Baptism for the forgiveness of sins
and I look forward to the resurrection of the dead
and the life of the world to come. Amen.

The Apostles' Creed

I believe in God,
the Father almighty
Creator of heaven and earth,
and in Jesus Christ, his only Son, our Lord, (*all bow*)
who was conceived by the Holy Spirit,
born of the Virgin Mary,
suffered under Pontius Pilate,
was crucified, died and was buried;
he descended into hell;
on the third day he rose again from the dead;
he ascended into heaven,
and is seated at the right hand of God
   the Father almighty;
from there he will come to judge the living and the dead.

I believe in the Holy Spirit,
the holy catholic Church,
the communion of saints,
the forgiveness of sins,
the resurrection of the body,
and life everlasting. Amen.

donne la vie; il procède du Père et du Fils;
avec le Père et le Fils il reçoit même adoration et
   même gloire;
il a parlé par les prophètes.

Je crois en l'Eglise, une, sainte, catholique et apostolique.
Je reconnais un seul baptême pour le pardon des péchés.
J'attends la résurrection des morts,
et la vie du monde à venir. Amen.

Credo

Je crois en Dieu,
le Père tout-puissant,
créateur du ciel et de la terre.
Et en Jésus Christ, son Fils unique,
notre Seigneur, qui a été conçu du Saint-Esprit,
est né de la Vierge Marie,
a souffert sous Ponce Pilate, a été crucifié,
est mort et a été enseveli,
est descendu aux enfers, le troisième jour est
ressuscité des morts, est monté aux cieux,
 est assis à la droite de Dieu le Père tout-
puissant, d'où il viendra juger les vivants et les morts.
Je crois en l'Esprit Saint, à la sainte Église
catholique, à la communion des saints,
à la rémission des péchés,
à la résurrection de la chair,
à la vie éternelle. Amen

The Prayer of the Faithful (Bidding Prayers)

Intentions will normally be for the Church; for the world; for those in particular need; and for the local community. After each there is time for silent prayer, followed by the next intention, or concluded with a sung phrase such as **Christ, hear us**, *or* **Christ graciously hear us**, *or by a responsory such as*:

Let us pray to the Lord.
R. Grant this, almighty God. *Or*:
R. Lord, have mercy. *Or*:
R. Kyrie, eleison.

The Priest concludes the Prayer with a collect.

THE LITURGY OF THE EUCHARIST

For Catholics, the Eucharist is the source and summit of the whole Christian Life.

After the Liturgy of the Word, the people sit and the Offertory Chant begins. The faithful express their participation by making an offering, bringing forward bread and wine for the celebration of the Eucharist.

Preparatory Prayers

Standing at the altar, the Priest takes the paten with the bread and holds it slightly raised above the altar with both hands, saying:

Prières des fidèles

Chaque pétition est suivie d'un moment de prière silencieuse, après lequel on répond à l'appel:

Pr. Nous te prions.
A. Seigneur, écoute-nous. Seigneur, exauce-nous.
*En Angleterre on prie **Je vous salue, Marie** pour conclure les prières des fidèles.*

LITURGIE DE L'EUCHARISTIE

Préparation des dons

Un chant d'offertoire peut accompagner la procession et la présentation des dons. Le peuple s'assoit. S'il n'y a pas de chant d'offertoire, les prières suivantes peuvent être récitées à haute voix:

Pr. Blessed are you, Lord God of all creation,
for through your goodness we have received
the bread we offer you:
fruit of the earth and work of human hands,
it will become for us the bread of life.
R. Blessed be God for ever.
The Priest then takes the chalice and holds it slightly raised above the altar with both hands, saying:
Pr. Blessed are you, Lord God of all creation,
for through your goodness we have received
the wine we offer you:
fruit of the vine and work of human hands,
it will become our spiritual drink.
R. Blessed be God for ever.
The Priest completes additional personal preparatory rites, and the people rise as he says:
Pr. Pray, brethren (brothers and sisters),
that my sacrifice and yours
may be acceptable to God,
the almighty Father.
R. May the Lord accept the sacrifice at your hands
for the praise and glory of his name,
for our good
and the good of all his holy Church.

Pr. Tu es béni, Dieu de l'Univers,
toi qui nous donnes ce pain,
fruit de la terre et du travail des hommes.
Nous te le présentons,
il deviendra le pain de la vie.
A. Béni soit Dieu, maintenant et toujours.
Alors il prend le calice et, l'élévant un peu au-dessus de l'autel, il prie:
Pr. Tu es béni, Dieu de l'Univers,
toi qui nous donnes ce vin,
fruit de la terre et du travail des hommes.
Nous te le présentons,
il deviendra le vin du Royaume éternel.
A. Béni soit Dieu, maintenant et toujours.
Le prêtre s'incline et prie silencieusement:
Pr. Humbles et pauvres, nous te supplions, Seigneur, accueille-nous; que notre sacrifice, en ce jour, trouve grâce devant toi.
Pendant qu'il se lave les mains, il prie silencieusement:
Pr. Lave-moi de mes fautes, Seigneur, purifie-moi de mon péché.
Le peuple se met debout et le prêtre les invite à participer dans le sacrifice eucharistique:
Pr. Prions ensemble, au moment d'offrir le sacrifice de toute l'Eglise.
A. Pour la gloire de Dieu et le salut du monde.

26   The Order of Mass

The Prayer over the Offerings

The Priest concludes the Prayer over the Offerings: **R. Amen.**

The Eucharistic Prayer

Extending his hands, the Priest says:

Pr. The Lord be with you.

R. And with your spirit.

Pr. Lift up your hearts.

R. We lift them up to the Lord.

Pr. Let us give thanks to the Lord our God.

R. It is right and just.

At the end of the Preface all sing or say:

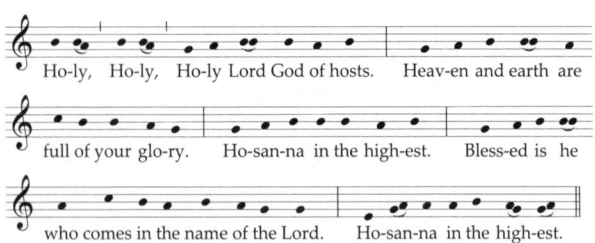

Holy, Holy, Holy Lord God of hosts.
Heaven and earth are full of your glory.
Hosanna in the highest.
Blessed is he who comes in the name of the Lord.
Hosanna in the highest.

After the Sanctus the congregation kneels.

Le prêtre prie à haute voix la prière sur les offrandes, à laquelle tous répondent: **Amen.**

Prière Eucharistique

Pr. Le Seigneur soit avec vous.
A. Et avec votre esprit.
Pr. Elevons notre cœur.
A. Nous le tournons vers le Seigneur.
Pr. Rendons grâce au Seigneur notre Dieu.
A. Cela est juste et bon.

Le prêtre continue avec une préface propre selon le temps liturgique ou de la fête. A la fin, tous chantent ou disent:

**A. Saint, Saint, Saint, le Seigneur, Dieu de l'univers.
Le ciel et la terre sont remplis de ta gloire.
Hosanna au plus haut des cieux.
Béni soit celui qui vient au nom du Seigneur.
Hosanna au plus haut des cieux.**

Eucharistic Prayer I
(The Roman Canon)

Pr. To you, therefore, most merciful Father,
we make humble prayer and petition
through Jesus Christ, your Son, our Lord:
that you accept
and bless ✠ these gifts, these offerings,
these holy and unblemished sacrifices,
which we offer you firstly
for your holy catholic Church.
Be pleased to grant her peace,
to guard, unite and govern her
throughout the whole world,
together with your servant *N.* our Pope and *N.* our Bishop,
and all those who, holding to the truth,
hand on the catholic and apostolic faith.

Remember, Lord, your servants *N.* and *N.*
and all gathered here,
whose faith and devotion are known to you.
For them, we offer you this sacrifice of praise
or they offer it for themselves
and all who are dear to them:
for the redemption of their souls,
in hope of health and well-being,
and paying their homage to you,
the eternal God, living and true.

Prière Eucharistique I

Pr. Père infiniment bon, toi vers qui montent nos louanges,
nous te supplions
par Jésus Christ, ton Fils, notre Seigneur,
d'accepter
et de bénir ces offrandes saintes.
Nous te les présentons avant tout
pour ta sainte Eglise catholique:
accorde-lui la paix
et protège-la, daigne
la rassembler dans l'unité et la gouverner
par toute la terre;
nous les présentons en même temps pour ton serviteur le
Pape *N*, pour notre évêque *N*.
et tous ceux qui veillent fidèlement
sur la foi catholique reçue des Apôtres.

Souviens-toi, Seigneur, de tes serviteurs *N*. et *N*.,
et de tous ceux qui sont ici
réunis, dont tu connais la foi et l'attachement.
(*Prière silencieuse pour les vivants.*)
Nous t'offrons pour eux, ou ils t'offrent pour eux-mêmes
et tous les leurs ce sacrifice de louange,
pour leur propre rédemption,
pour le salut qu'ils espèrent;
et ils te rendent cet hommage à toi,
Dieu éternel, vivant et vrai.

In communion with those whose memory we venerate,
especially the glorious ever-Virgin Mary,
Mother of our God and Lord, Jesus Christ,
and blessed Joseph, her Spouse,
your blessed Apostles and Martyrs,
Peter and Paul, Andrew,
(James, John,
Thomas, James, Philip,
Bartholomew, Matthew,
Simon and Jude;
Linus, Cletus, Clement, Sixtus,
Cornelius, Cyprian,
Lawrence, Chrysogonus,
John and Paul,
Cosmas and Damian)
and all your Saints;
we ask that through their merits and prayers,
in all things we may be defended
by your protecting help.
(Through Christ our Lord. Amen.)

Therefore, Lord, we pray:
graciously accept this oblation of our service,
that of your whole family;
order our days in your peace,
and command that we be delivered
from eternal damnation
and counted among the flock of those you have chosen.
(Through Christ our Lord. Amen.)

Dans la communion de toute l'Eglise,
nous voulons nommer en premier lieu la bienheureuse
   Marie toujours Vierge,
Mère de notre Dieu et Seigneur, Jésus Christ;
saint Joseph, son époux,
les saints Apôtres et martyrs
Pierre et Paul, André
[Jacques et Jean,
Thomas, Jacques et Philippe,
Barthélemy et Matthieu,
Simon et Jude,
Lin, Clet, Clément, Sixte,
Corneille et Cyprien,
Laurent, Chrysogone,
Jean et Paul,
Côme et Damien,]
et tous les saints.
Accorde-nous, par leur prière et leurs mérites,
d'être, toujours et partout,
forts de ton secours et de ta protection.

Voici l'offrande que nous présentons devant toi, nous,
tes serviteurs, et ta famille entière: dans ta bienveillance,
accepte-la. Assure toi-même la paix de notre vie,
arrache-nous à la damnation et reçois-nous parmi tes élus.
Sanctifie pleinement cette offrande par la puissance de ta
bénédiction, rends-la parfaite et digne de toi:
qu'elle devienne pour nous

Be pleased, O God, we pray,
to bless, acknowledge,
and approve this offering in every respect;
make it spiritual and acceptable,
so that it may become for us
the Body and Blood of your most beloved Son,
our Lord Jesus Christ.
On the day before he was to suffer,
he took bread in his holy and venerable hands,
and with eyes raised to heaven
to you, O God, his almighty Father,
giving you thanks, he said the blessing,
broke the bread
and gave it to his disciples, saying:

> TAKE THIS, ALL OF YOU, AND EAT OF IT,
> FOR THIS IS MY BODY,
> WHICH WILL BE GIVEN UP FOR YOU.

In a similar way, when supper was ended,
he took this precious chalice
in his holy and venerable hands,
and once more giving you thanks, he said the blessing
and gave the chalice to his disciples, saying:

> TAKE THIS, ALL OF YOU, AND DRINK FROM IT,
> FOR THIS IS THE CHALICE OF MY BLOOD,
> THE BLOOD OF THE NEW AND ETERNAL COVENANT,
> WHICH WILL BE POURED OUT FOR YOU AND FOR MANY
> FOR THE FORGIVENESS OF SINS.
>
> DO THIS IN MEMORY OF ME.'

le Corps et le Sang de ton Fils bien-aimé,
Jésus Christ, notre Seigneur.
La veille de sa Passion,
il prit le pain dans ses mains très saintes et, les yeux levés au ciel,
vers toi, Dieu, son Père tout-puissant,
en te rendant grâce il le bénit, le rompit,
et le donna à ses disciples, en disant:

> PRENEZ, ET MANGEZ-EN TOUS:
> CECI EST MON CORPS
> LIVRÉ POUR VOUS.

De même, à la fin du repas,
il prit dans ses mains cette
coupe incomparable;
et te rendant grâce à nouveau il la bénit,
et la donna à ses disciples, en disant:

> PRENEZ, ET BUVEZ-EN TOUS,
> CAR CECI EST LA COUPE DE MON SANG,
> LE SANG DE L'ALLIANCE NOUVELLE ET ÉTERNELLE,
> QUI SERA VERSÉ POUR VOUS ET POUR LA MULTITUDE
> EN RÉMISSION DES PÉCHÉS.
>
> VOUS FEREZ CELA, EN MÉMOIRE DE MOI.

Pr. The mystery of faith.

The people continue, acclaiming one of the following:

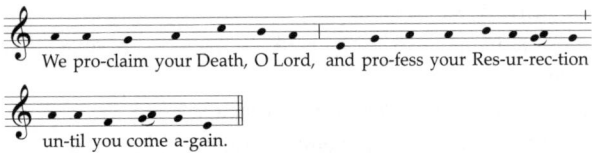

**1. We proclaim your Death, O Lord,
and profess your Resurrection
until you come again.**

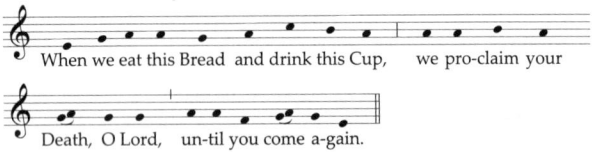

**2. When we eat this Bread and drink this Cup,
we proclaim your Death, O Lord,
until you come again.**

**3. Save us, Saviour of the world,
for by your Cross and Resurrection
you have set us free.**

Pr. Il est grand le mystère de la foi:
**1. A. Nous proclamons ta mort, Seigneur Jésus,
nous célébrons ta résurrection,
nous attendons ta venue dans la gloire.**

2. Pr. Quand nous mangeons ce pain et buvons à cette coupe, nous célébrons le mystère de la foi:
**2. A. Nous rappelons ta mort, Seigneur ressuscité,
et nous attendons que tu viennes.**

**3. A. Gloire à toi qui étais mort, gloire à toi qui es vivant,
notre Sauveur et notre Dieu: Viens, Seigneur Jésus!**

Pr. Therefore, O Lord,
as we celebrate the memorial of the blessed Passion,
the Resurrection from the dead,
and the glorious Ascension into heaven
of Christ, your Son, our Lord,
we, your servants and your holy people,
offer to your glorious majesty
from the gifts that you have given us,
this pure victim,
this holy victim,
this spotless victim,
the holy Bread of eternal life
and the Chalice of everlasting salvation.

Be pleased to look upon these offerings
with a serene and kindly countenance,
and to accept them,
as once you were pleased to accept
the gifts of your servant Abel the just,
the sacrifice of Abraham, our father in faith,
and the offering of your high priest Melchizedek,
a holy sacrifice, a spotless victim.

In humble prayer we ask you, almighty God:
command that these gifts be borne
by the hands of your holy Angel
to your altar on high
in the sight of your divine majesty,
so that all of us, who through this participation at the altar

Pr. C'est pourquoi nous aussi, tes serviteurs,
et ton peuple saint avec nous,
faisant mémoire de la Passion bienheureuse de ton Fils,
Jésus Christ, notre Seigneur, de sa résurrection du séjour
des morts et de sa glorieuse ascension dans le ciel,
nous te présentons,
Dieu de gloire et de majesté,
cette offrande prélevée sur les biens que tu nous donnes,
le sacrifice pur et saint,
le sacrifice parfait,
pain de la vie éternelle
et coupe du salut.

Et comme il t'a plu d'accueillir
les présents d'Abel le Juste,
le sacrifice de notre père Abraham,
et celui que t'offrit Melchisédech,
ton grand prêtre, en signe du sacrifice parfait,
regarde cette offrande avec amour et, dans ta
bienveillance, accepte-la.

Nous t'en supplions,
Dieu tout-puissant: qu'elle soit portée par ton ange en
présence de ta gloire, sur ton autel céleste, afin qu'en
recevant ici, par notre communion
à l'autel, le Corps et le Sang de ton Fils,
nous soyons comblés de ta grâce et de tes bénédictions.

receive the most holy Body and Blood of your Son,
may be filled with every grace and heavenly blessing.
(Through Christ our Lord. Amen.)

Remember also, Lord, your servants *N.* and *N.*,
who have gone before us with the sign of faith
and rest in the sleep of peace.
Grant them, O Lord, we pray,
and all who sleep in Christ,
a place of refreshment, light and peace.
(Through Christ our Lord. Amen.
To us, also, your servants, who, though sinners,
hope in your abundant mercies,
graciously grant some share
and fellowship with your holy Apostles and Martyrs:
with John the Baptist, Stephen,
Matthias, Barnabas,
(Ignatius, Alexander,
Marcellinus, Peter,
Felicity, Perpetua,
Agatha, Lucy,
Agnes, Cecilia, Anastasia)
and all your Saints;
admit us, we beseech you,
into their company,
not weighing our merits,
but granting us your pardon,
through Christ our Lord.

Souviens-toi de tes serviteurs *N.* et *N.*
qui nous ont précédés, marqués du signe de la foi,
et qui dorment dans la paix.

(*Prière silencieuse pour les morts.*)

Pour eux et pour tous ceux qui reposent
dans le Christ,
nous implorons ta bonté:
qu'ils entrent dans la joie, la paix et la lumière.
Et nous pécheurs, qui mettons notre espérance en
ta miséricorde inépuisable, admets-nous dans la
communauté des bienheureux Apôtres et martyrs,
de Jean Baptiste, Etienne,
Matthias et Barnabé,
[Ignace, Alexandre,
Marcellin et Pierre,
Félicité et Perpétue,
Agathe, Lucie,
Agnès, Cécile, Anastasie,]
et de tous les saints.
Accueille-nous dans leur compagnie,
sans nous juger sur le mérite
mais en accordant ton pardon,
par Jésus Christ, notre Seigneur.

Through whom
you continue to make all these good things, O Lord;
you sanctify them, fill them with life,
bless them, and bestow them upon us.

The Priest takes the chalice and the paten with the host:
Pr. Through him, and with him, and in him,
O God, almighty Father,
in the unity of the Holy Spirit,
all glory and honour is yours,
for ever and ever.
R. Amen.
Then follows the Communion Rite, p. 66.

Eucharistic Prayer II

Pr. The Lord be with you.
R. And with your spirit.
Pr. Lift up your hearts.
R. We lift them up to the Lord.
Pr. Let us give thanks to the Lord our God.
R. It is right and just.
Pr. It is truly right and just, our duty and our salvation,
always and everywhere to give you thanks, Father most holy,
through your beloved Son, Jesus Christ,
your Word through whom you made all things,
whom you sent as our Saviour and Redeemer,
incarnate by the Holy Spirit and born of the Virgin.

C'est par lui que tu ne cesses de créer tous ces biens, que tu les bénis,
leur donnes la vie,
les sanctifies et nous en fais le don.

Par lui, avec lui et en lui, à toi,
Dieu le Père tout-puissant,
dans l'unité du Saint Esprit,
tout honneur et toute gloire,
pour les siècles des siècles.
A. Amen.
La Messe suit avec les Rites de la Communion: p. 67.

Prière eucharistique II

Pr. Le Seigneur soit avec vous.
A. Et avec votre esprit.
Pr. Elevons notre cœur.
A. Nous le tournons vers le Seigneur.
Pr. Rendons grâce au Seigneur notre Dieu.
A. Cela est juste et bon.
Pr. Vraiment, Père très saint, il est juste et bon de te rendre grâce, toujours et en tout lieu, par ton Fils bien-aimé, Jésus Christ: car il est ta Parole vivante, par qui tu as créé toutes choses; c'est lui que tu nous as envoyé comme Rédempteur et Sauveur, Dieu fait homme, conçu de l'Esprit Saint, né de la Vierge Marie; pour

Fulfilling your will and gaining for you a holy people,
he stretched out his hands as he endured his Passion,
so as to break the bonds of death and manifest
   the resurrection.

And so, with the Angels and all the Saints
we declare your glory,
as with one voice we acclaim:
The people sing or say aloud the Sanctus as on page 26.
Pr. You are indeed Holy, O Lord,
the fount of all holiness.
Make holy, therefore, these gifts, we pray,
by sending down your Spirit upon them like the dewfall,
so that they may become for us
the Body and ✠ Blood of our Lord Jesus Christ.

At the time he was betrayed
and entered willingly into his Passion,
he took bread and, giving thanks, broke it,
and gave it to his disciples, saying:

>   TAKE THIS, ALL OF YOU, AND EAT OF IT,
>   FOR THIS IS MY BODY,
>   WHICH WILL BE GIVEN UP FOR YOU.

In a similar way, when supper was ended,
he took the chalice
and, once more giving thanks,
he gave it to his disciples, saying:

accomplir jusqu'au bout ta volonté et rassembler du milieu des hommes un peuple saint qui t'appartienne, il étendit les mains à l'heure de sa passion, afin que soit brisée la mort, et que la résurrection soit manifestée. C'est pourquoi, avec les anges et tous les saints, nous proclamons ta gloire, en chantant d'une seule voix:

Sanctus, p. 27.
Pr. Toi qui es vraiment saint,
toi qui es la source de toute sainteté,
Seigneur, nous te prions:
Sanctifie ces offrandes en répandant sur elles ton Esprit;
qu'elles deviennent pour nous
le Corps et le Sang de Jésus, le Christ, notre Seigneur.

Au moment d'être livré
et d'entrer librement dans sa Passion,
il prit le pain, il rendit grâce,
il le rompit et le donna à ses disciples, en disant:
>   Prenez, et mangez-en tous:
>   ceci est mon corps
>   livré pour vous.

De même, à la fin du repas,
il prit la coupe;
de nouveau il rendit grâce,
et la donna à ses disciples, en disant:

Take this, all of you, and drink from it,
for this is the chalice of my Blood,
the Blood of the new and eternal covenant,
which will be poured out for you and for many
for the forgiveness of sins.
Do this in memory of me.

Pr. The mystery of faith.
The people continue with one of the acclamations, p. 34.
Pr. Therefore, as we celebrate
the memorial of his Death and Resurrection,
we offer you, Lord,
the Bread of life and the Chalice of salvation,
giving thanks that you have held us worthy
to be in your presence and minister to you.
Humbly we pray
that, partaking of the Body and Blood of Christ,
we may be gathered into one by the Holy Spirit.

Remember, Lord, your Church,
spread throughout the world,
and bring her to the fullness of charity,
together with *N.* our Pope and *N.* our Bishop
and all the clergy.

In Masses for the Dead, the following may be added:
Remember your servant *N.*,
whom you have called (today)
from this world to yourself.

Prenez, et buvez-en tous,
car ceci est la coupe de mon sang,
le sang de l'Alliance nouvelle et éternelle,
qui sera versé pour vous et pour la multitude
en rémission des péchés.
Vous ferez cela, en mémoire de moi.

L'assemblée répond, comme à la p. 35.
Pr. Faisant ici mémoire de la mort et de la résurrection
de ton Fils,
nous t'offrons, Seigneur,
le pain de la vie et la coupe du salut,
et nous te rendons grâce, car tu nous as choisis pour
servir en ta présence.
Humblement, nous te demandons qu'en ayant part
au Corps et au Sang du Christ,
nous soyons rassemblés par l'Esprit Saint en un seul corps.

Souviens-toi, Seigneur, de ton Eglise
répandue à travers le monde:
fais-la grandir dans ta charité
avec le Pape *N.*, notre évêque *N.*,
et tous ceux qui ont la charge de ton peuple.

Grant that he (she) who was united with your Son
   in a death like his,
may also be one with him in his Resurrection.

Remember also our brothers and sisters
who have fallen asleep in the hope of the resurrection,
and all who have died in your mercy:
welcome them into the light of your face.
Have mercy on us all, we pray,
that with the Blessed Virgin Mary, Mother of God,
with the blessed Apostles,
and all the Saints who have pleased you throughout the ages,
we may merit to be coheirs to eternal life,
and may praise and glorify you
through your Son, Jesus Christ.

The Priest takes the chalice and the paten with the host:
Through him, and with him, and in him,
O God, almighty Father,
in the unity of the Holy Spirit,
all glory and honour is yours,
for ever and ever.
R. Amen.
Then follows the Communion Rite, p. 66.

Souviens-toi aussi de nos frères qui se sont endormis
dans l'espérance de la résurrection,
et de tous les hommes qui ont quitté cette vie:
reçois-les dans ta lumière, auprès de toi.
Sur nous tous enfin, nous implorons ta bonté:
permets qu'avec la Vierge Marie, la bienheureuse Mère
de Dieu, avec les Apôtres
et les saints de tous les temps qui ont vécu dans ton amitié,
nous ayons part à la vie éternelle,
et que nous chantions ta louange,
par Jésus Christ, ton Fils bien-aimé.

Par lui, avec lui et en lui, à toi,
Dieu le Père tout-puissant,
dans l'unité du Saint Esprit,
tout honneur et toute gloire,
pour les siècles des siècles.
A. Amen.
La Messe suit avec les Rites de la Communion: p. 67.

Eucharistic Prayer III

Pr. You are indeed Holy, O Lord,
and all you have created
rightly gives you praise,
for through your Son our Lord Jesus Christ,
by the power and working of the Holy Spirit,
you give life to all things and make them holy,
and you never cease to gather a people to yourself,
so that from the rising of the sun to its setting
a pure sacrifice may be offered to your name.

Therefore, O Lord, we humbly implore you:
by the same Spirit graciously make holy
these gifts we have brought to you for consecration,
that they may become the Body and ✠ Blood
of your Son our Lord Jesus Christ,
at whose command we celebrate these mysteries.

For on the night he was betrayed
he himself took bread,
and, giving you thanks, he said the blessing,
broke the bread and gave it to his disciples, saying:

> TAKE THIS, ALL OF YOU,
> AND EAT OF IT, FOR THIS IS MY BODY,
> WHICH WILL BE GIVEN UP FOR YOU.

In a similar way, when supper was ended,
he took the chalice,
and, giving you thanks, he said the blessing,
and gave the chalice to his disciples, saying:

Prière eucharistique III

Pr. Tu es vraiment saint, Dieu de l'univers,
et toute la création proclame ta louange,
car c'est toi qui donnes la vie, c'est toi qui sanctifies
toutes choses, par ton Fils, Jésus Christ, notre Seigneur,
avec la puissance de l'Esprit Saint;
et tu ne cesses de rassembler ton peuple,
afin qu'il te présente partout dans le monde une offrande pure.

C'est pourquoi nous te supplions de consacrer toi-même les offrandes que nous apportons.
Sanctifie-les par ton Esprit pour qu'elles deviennent le Corps et le Sang
de ton Fils, Jésus Christ, notre Seigneur,
qui nous a dit de célébrer ce mystère.

La nuit même où il fut livré,
il prit le pain,
en te rendant grâce il le bénit,
il le rompit et le donna à ses disciples, en disant :

> PRENEZ, ET MANGEZ-EN TOUS:
> CECI EST MON CORPS
> LIVRÉ POUR VOUS.

De même, à la fin du repas,
il prit la coupe;
en te rendant grâce il la bénit,
et la donna à ses disciples, en disant:

Take this, all of you, and drink from it,
for this is the chalice of my Blood
the Blood of the new and eternal covenant,
which will be poured out for you and for many
for the forgiveness of sins.
Do this in memory of me.

Pr. The mystery of faith.
The people continue with one of the acclamations p. 34.
Pr. Therefore, O Lord, as we celebrate the memorial
of the saving Passion of your Son,
his wondrous Resurrection
and Ascension into heaven,
and as we look forward to his second coming,
we offer you in thanksgiving
this holy and living sacrifice.

Look, we pray, upon the oblation of your Church
and, recognizing the sacrificial Victim by whose death
you willed to reconcile us to yourself,
grant that we, who are nourished
by the Body and Blood of your Son
and filled with his Holy Spirit,
may become one body, one spirit in Christ.

May he make of us
an eternal offering to you,
so that we may obtain an inheritance with your elect,
especially with the most Blessed Virgin Mary,
   Mother of God,

Prenez, et buvez-en tous,
car ceci est la coupe de mon sang,
le sang de l'Alliance nouvelle et éternelle,
qui sera versé pour vous et pour la multitude
en rémission des péchés.
Vous ferez cela, en mémoire de moi.

Pr. Il est grand le mystère de la foi.
L'assemblée répond, comme à la p. 35.
Pr. En faisant mémoire de ton Fils,
de sa passion qui nous sauve,
de sa glorieuse résurrection
et de son ascension dans le ciel,
alors que nous attendons son dernier avènement,
nous présentons cette offrande vivante et sainte pour te rendre grâce.

Regarde, Seigneur, le sacrifice de ton Eglise,
et daigne y reconnaître celui de ton Fils qui
nous a rétablis dans ton Alliance;
quand nous serons nourris
de son Corps et de son Sang
et remplis de l'Esprit Saint,
accorde-nous d'être un seul corps et un seul esprit dans le Christ.

Que l'Esprit Saint fasse de nous une éternelle offrande à ta gloire,
pour que nous obtenions un jour les biens du monde à venir,
auprès de la Vierge Marie,

with your blessed Apostles and glorious Martyrs
(with Saint *N.*: *the Saint of the day or Patron Saint*)
and with all the Saints,
on whose constant intercession in your presence
we rely for unfailing help.

May this Sacrifice of our reconciliation,
we pray, O Lord,
advance the peace and salvation of all the world.
Be pleased to confirm in faith and charity
your pilgrim Church on earth,
with your servant *N.* our Pope and *N.* our Bishop,
the Order of Bishops, all the clergy,
and the entire people you have gained for your own.

Listen graciously to the prayers of this family,
whom you have summoned before you:
in your compassion, O merciful Father,
gather to yourself all your children
scattered throughout the world.

† To our departed brothers and sisters
and to all who were pleasing to you
at their passing from this life,
give kind admittance to your kingdom.
There we hope to enjoy for ever the fullness of your glory
through Christ our Lord,
through whom you bestow on the world all that is good.†

la bienheureuse Mère de Dieu,
avec les Apôtres, les martyrs, saint *N*. et tous les saints,
qui ne cessent d'intercéder pour nous.

Et maintenant, nous te supplions,
Seigneur, par le sacrifice qui nous réconcilie avec toi,
étends au monde entier le salut et la paix.
Affermis la foi et la charité de ton Eglise au long de son chemin sur la terre:
veille sur ton serviteur le Pape *N*., et notre évêque *N*.,
l'ensemble des évêques, les prêtres, les diacres, et tout le peuple des rachetés.

Ecoute les prières de ta famille assemblée devant toi,
et ramène à toi,
Père très aimant,
tous tes enfants dispersés.

Pour nos frères défunts,
pour les hommes qui ont quitté ce monde et dont tu connais la droiture,
nous te prions:
reçois-les dans ton Royaume,
où nous espérons être comblés de ta gloire tous ensemble et pour l'éternité,
par le Christ, Notre Seigneur,
par qui tu donnes au monde toute grâce et tout bien.

The Priest takes the chalice and the paten with the host:
Through him, and with him, and in him,
O God, almighty Father,
in the unity of the Holy Spirit,
all glory and honour is yours,
for ever and ever.
R. Amen.
Then follows the Communion Rite, p. 66.

When this Eucharistic Prayer is used in Masses for the Dead, the following may be said:
† Remember your servant *N.*
whom you have called (today)
from this world to yourself.
Grant that he (she) who was united with your Son
   in a death like his,
may also be one with him in his Resurrection,
when from the earth
he will raise up in the flesh those who have died,
and transform our lowly body
after the pattern of his own glorious body.
To our departed brothers and sisters, too,
and to all who were pleasing to you
at their passing from this life,
give kind admittance to your kingdom.
There we hope to enjoy for ever the fullness of your glory,
when you will wipe away every tear from our eyes.

Par lui, avec lui et en lui,
Dieu le Père Tout-Puissant,
dans l'unité du Saint Esprit,
tout honneur et toute gloire,
pour les siècles des siècles.
Amen.
La Messe suit avec les Rites de la Communion: p. 67.

For seeing you, our God, as you are,
we shall be like you for all the ages
and praise you without end, (*He joins his hands.*)
through Christ our Lord,
through whom you bestow on the world all that is good.†

Eucharistic Prayer IV

Pr. The Lord be with you.
R. And with your spirit.
Pr. Lift up your hearts.
R. We lift them up to the Lord.
Pr. Let us give thanks to the Lord our God.
R. It is right and just.
Pr. It is truly right to give you thanks,
truly just to give you glory, Father most holy,
for you are the one God living and true,
existing before all ages and abiding for all eternity,
dwelling in unapproachable light;
yet you, who alone are good, the source of life,
have made all that is,
so that you might fill your creatures with blessings
and bring joy to many of them by the glory of your light.

And so, in your presence are countless hosts of Angels,
who serve you day and night
and, gazing upon the glory of your face,
glorify you without ceasing.

Prière eucharistique IV

Pr. Le Seigneur soit avec vous.
A. Et avec votre esprit.
Pr. Elevons notre cœur.
A. Nous le tournons vers le Seigneur.
Pr. Rendons grâce au Seigneur notre Dieu.
A. Cela est juste et bon.

With them we, too, confess your name in exultation,
giving voice to every creature under heaven,
as we acclaim:
The people sing or say aloud the Sanctus as on p. 26.
Pr. We give you praise, Father most holy,
for you are great
and you have fashioned all your works
in wisdom and in love.
You formed man in your own image
and entrusted the whole world to his care,
so that in serving you alone, the Creator,
he might have dominion over all creatures.
And when through disobedience he had lost your friendship,
you did not abandon him to the domain of death.
For you came in mercy to the aid of all,
so that those who seek might find you.
Time and again you offered them covenants
and through the prophets
taught them to look forward to salvation.

And you so loved the world, Father most holy,
that in the fullness of time
you sent your Only Begotten Son to be our Saviour.
Made incarnate by the Holy Spirit
and born of the Virgin Mary,
he shared our human nature
in all things but sin.
To the poor he proclaimed the good news of salvation,

Sancto, p. 27.

Pr: Père très saint
nous proclamons que tu es grand
et que tu as créé toutes choses
avec sagesse et par amour:
tu as fait l'homme à ton image,
et tu lui as confié l'univers, afin qu'en te servant,
toi son Créateur,
il règne sur la création.
Comme il avait perdu ton amitié en se détournant de toi,
tu ne l'as pas abandonné au pouvoir de la mort.
Dans ta miséricorde,
tu es venu en aide à tous les hommes pour qu'ils te
cherchent et puissent te trouver.
Tu as multiplié les alliances avec eux, et tu les as formés,
par les prophètes, dans l'espérance du salut.

Tu as tellement aimé le monde, Père très saint, que tu
nous as envoyé ton propre Fils, lorsque les temps furent
accomplis, pour qu'il soit notre Sauveur.
Conçu de l'Esprit Saint,
né de la Vierge Marie,
il a vécu notre condition d'homme
en toute chose, excepté le péché,

to prisoners, freedom,
and to the sorrowful of heart, joy.
To accomplish your plan,
he gave himself up to death,
and, rising from the dead,
he destroyed death and restored life.

And that we might live no longer for ourselves
but for him who died and rose again for us,
he sent the Holy Spirit from you, Father,
as the first fruits for those who believe,
so that, bringing to perfection his work in the world,
he might sanctify creation to the full.

Therefore, O Lord, we pray:
may this same Holy Spirit
graciously sanctify these offerings,
that they may become
the Body and ✠ Blood of our Lord Jesus Christ
for the celebration of this great mystery,
which he himself left us
as an eternal covenant.

For when the hour had come
for him to be glorified by you, Father most holy,
having loved his own who were in the world,
he loved them to the end:
and while they were at supper,
he took bread, blessed and broke it,
and gave it to his disciples, saying:

annonçant aux pauvres la Bonne Nouvelle du salut; aux
captifs, la délivrance;
aux affligés, la joie.
Pour accomplir le dessein de ton amour,
il s'est livré lui-même à la mort,
et, par sa résurrection,
il a détruit la mort et renouvelé la vie.

Afin que notre vie ne soit plus à nous-mêmes,
mais à lui qui est mort et ressuscité pour nous,
il a envoyé d'auprès de toi, comme premier don fait
    aux croyants,
l'Esprit qui poursuit son œuvre dans le monde
et achève toute sanctification.

Que ce même Esprit Saint,
nous t'en prions,
Seigneur, sanctifie ces offrandes:
qu'elles deviennent ainsi le Corps et le Sang de ton Fils
dans la célébration de ce grand mystère que lui-même
nous a laissé en signe
de l'Alliance éternelle.

Quand l'heure fut venue
où tu allais le glorifier,
comme il avait aimé les siens
qui étaient dans le monde,
il les aima jusqu'au bout:
pendant le repas qu'il partageait avec eux,
il prit le pain, il le bénit, le rompit
et le donna à ses disciples, en disant:

>   Take this, all of you, and eat of it,
>   for this is my Body,
>   which will be given up for you.

In a similar way,
taking the chalice filled with the fruit of the vine,
he gave thanks,
and gave the chalice to his disciples, saying:

>   'Take this, all of you, and drink from it,
>   for this is the chalice of my Blood,
>   the Blood of the new and eternal covenant,
>   which will be poured out for you and for many
>   for the forgiveness of sins.
>   Do this in memory of me.'

Pr. The mystery of faith.

The people continue with one of the acclamations, p. 34.

Pr. Therefore, O Lord,
as we now celebrate the memorial of our redemption,
we remember Christ's Death
and his descent to the realm of the dead,
we proclaim his Resurrection
and his Ascension to your right hand,
and, as we await his coming in glory,
we offer you his Body and Blood,
the sacrifice acceptable to you
which brings salvation to the whole world.

Look, O Lord, upon the Sacrifice

PRENEZ, ET MANGEZ-EN TOUS:
CECI EST MON CORPS
LIVRÉ POUR VOUS.

De même,
il prit la coupe remplie de vin,
il rendit grâce,
et la donna à ses disciples en disant:

PRENEZ, ET BUVEZ-EN TOUS,
CAR CECI EST LA COUPE DE MON SANG,
LE SANG DE L'ALLIANCE NOUVELLE ET ÉTERNELLE,
QUI SERA VERSÉ POUR VOUS ET POUR LA MULTITUDE
EN RÉMISSION DES PÉCHÉS.
VOUS FEREZ CELA, EN MÉMOIRE DE MOI.

Pr. Il est grand le mystère de la foi.
L'assemblée répond, comme à la p. 35.
Pr. Voilà pourquoi, Seigneur,
nous célébrons aujourd'hui le mémorial de notre rédemption:
en rappelant la mort de Jésus Christ
et sa descente au séjour des morts,
en proclamant sa résurrection
et son ascension à ta droite dans le ciel,
en attendant aussi qu'il vienne dans la gloire,
nous t'offrons son Corps et son Sang,
le sacrifice qui est digne de toi et qui sauve le monde.

which you yourself have provided for your Church,
and grant in your loving kindness
to all who partake of this one Bread and one Chalice
that, gathered into one body by the Holy Spirit,
they may truly become a living sacrifice in Christ
to the praise of your glory.

Therefore, Lord, remember now
all for whom we offer this sacrifice:
especially your servant *N.* our Pope,
N. our Bishop, and the whole Order of Bishops,
all the clergy,
those who take part in this offering,
those gathered here before you,
your entire people,
and all who seek you with a sincere heart.

Remember also
those who have died in the peace of your Christ
and all the dead,
whose faith you alone have known.

To all of us, your children,
grant, O merciful Father,
that we may enter into a heavenly inheritance
with the Blessed Virgin Mary, Mother of God,
and with your Apostles and Saints in your kingdom.
There, with the whole of creation,
freed from the corruption of sin and death,
may we glorify you through Christ our Lord,
through whom you bestow on the world all that is good.

Regarde, Seigneur, cette offrande que tu as donnée toi-
même à ton Eglise; accorde à tous ceux
qui vont partager ce pain et boire à cette coupe
d'être rassemblés par l'Esprit Saint
en un seul corps, pour qu'ils soient eux-mêmes dans le
Christ une vivante offrande à la louange de ta gloire.

Et maintenant, Seigneur, rappelle-toi tous ceux pour qui
nous offrons le sacrifice:
le Pape *N.*, notre évêque *N.*
et tous les évêques,
les prêtres et ceux qui les assistent,
les fidèles qui présentent cette offrande,
les membres de notre assemblée,
le peuple qui t'appartient et tous
les hommes qui te cherchent avec droiture.

Souviens-toi aussi de nos frères qui sont morts dans la
paix du Christ,
et de tous les morts dont toi seul connais la foi.

A nous qui sommes tes enfants, accorde, Père très bon,
l'héritage de la vie éternelle auprès de la Vierge Marie, la
bienheureuse Mère de Dieu,
auprès des Apôtres et de tous les saints,
dans ton royaume, où nous pourrons,
avec la création tout entière enfin libérée du péché et
   de la mort,
te glorifier par le Christ, notre Seigneur,
par qui tu donnes au monde toute grâce et tout bien.

The Priest takes the chalice and the paten with the host:
Through him, and with him, and in him,
O God, almighty Father,
in the unity of the Holy Spirit,
all glory and honour is yours,
for ever and ever. **R. Amen.**

THE COMMUNION RITE

Eating and drinking together the Lord's Body and Blood in a paschal meal is the culmination of the Eucharist.

The Lord's Prayer

After the chalice and paten have been set down, the congregation stands and the Priest says:
Pr. At the Saviour's command
and formed by divine teaching,
we dare to say:
Together with the people, he continues:
Our Father, who art in heaven,
hallowed be thy name;
thy kingdom come,
thy will be done
on earth as it is in heaven.
Give us this day our daily bread,
and forgive us our trespasses,
as we forgive those who trespass against us;
and lead us not into temptation,
but deliver us from evil.

Par lui, avec lui et en lui, à toi,
Dieu le Père tout-puissant, dans l'unité du Saint Esprit,
tout honneur et toute gloire,
pour les siècles des siècles.
A. Amen.

Rites de la Communion

Pr. Comme nous l'avons appris du Sauveur,
et selon son commandement,
nous osons dire:
Le peuple se met debout.
**Notre Père, qui es au cieux,
que ton nom soit sanctifié.
Que ton règne vienne,
que ta volonté soit faite
sur la terre comme au ciel.
Donne-nous aujourd'hui notre pain de ce jour,
pardonne-nous nos offenses,
comme nous pardonnons aussi à ceux qui nous ont
 offensés.
Et ne nous soumets pas à la tentation,
mais délivre-nous du mal.**

Pr. Deliver us, Lord, we pray, from every evil,
graciously grant peace in our days,
that, by the help of your mercy,
we may be always free from sin
and safe from all distress,
as we await the blessed hope
and the coming of our Saviour, Jesus Christ.
**R. For the kingdom,
the power and the glory are yours
now and for ever.**

The Peace

Pr. Lord Jesus Christ,
who said to your Apostles:
Peace I leave you, my peace I give you;
look not on our sins,
but on the faith of your Church,
and graciously grant her peace and unity
in accordance with your will.
Who live and reign for ever and ever.
R. Amen.
Pr. The peace of the Lord be with you always.
R. And with your spirit.

Then the Deacon, or the Priest, adds:
Pr. Let us offer each other the sign of peace.
And all offer one another the customary sign of peace.

Pr. Délivre-nous de tout mal, Seigneur,
et donne la paix à notre temps;
par la miséricorde, libère-nous du péché,
rassure-nous devant les épreuves
en cette vie où nous espérons le bonheur que tu promets
et l'avènement de Jésus Christ notre Sauveur.
L'assemblée conclut la prière avec l'acclamation:
**A. Car c'est à toi qu'appartiennent le règne,
la puissance et la gloire,
pour les siècles des siècles**.

Le prêtre continue seul:
Pr. Seigneur Jésus Christ,
tu as dit à tes Apôtres:
"Je vous laisse la paix, je vous donne ma paix",
ne regarde pas nos péchés, mais la foi de ton Eglise;
pour que ta volonté s'accomplisse,
donne-lui toujours cette paix et conduis-la vers l'unité
parfaite, toi qui règnes pour les siècles des siècles.
A. Amen.
Pr. Que la paix du Seigneur soit toujours avec vous.
A. Et avec votre esprit.

Pr. Dans la charité du Christ, donnez-vous la paix.
Et tous se manifestent la paix selon les coutumes locales.

Breaking of the Bread

Then the Priest takes the host, breaks it over the paten, and places a small piece in the chalice, saying quietly:

Pr. May this mingling of the Body and Blood
of our Lord Jesus Christ
bring eternal life to us who receive it.

Meanwhile the following is sung or said:

Lamb of God, you take away the sins of the world,
   have mercy on us.
Lamb of God, you take away the sins of the world,
   have mercy on us.
Lamb of God, you take away the sins of the world,
   grant us peace.

Invitation to Communion

All kneel; The Priest genuflects, takes the host and, holding it slightly raised above the paten or above the chalice says aloud:

Pr. Behold the Lamb of God,
behold him who takes away the sins of the world.
Blessed are those called to the supper of the Lamb.

R. Lord, I am not worthy
that you should enter under my roof,
but only say the word
and my soul shall be healed.

While the Priest is receiving the Body of Christ, the Communion Chant begins.

Le prêtre rompt l'hostie et en laisse tomber une parcelle dans la coupe, en disant à voix baisse:
Que le corps et le sang de Jésus Christ,
réunis dans cette coupe,
nourrissent en nous la vie éternelle.
Pendant ce temps, l'assemblée chante ou dit:
**Agneau de Dieu, qui enlèves le péché du monde,
　prends pitié de nous.**
**Agneau de Dieu, qui enlèves le péché du monde,
　prends pitié de nous.**
**Agneau de Dieu, qui enlèves le péché du monde,
　donne-nous la paix.**

L'assemblée se met à genoux. Après avoir fait la génuflection le prêtre présente aux fidèles le pain consacré en disant:
Pr. Heureux les invités au repas du Seigneur.
Voici l'Agneau de Dieu
qui enlève le péché du monde.
Et tous ensemble, l'assemblée et le prêtre ajoutent:
**Seigneur,
je ne suis pas digne de te recevoir,
mais dis seulement une parole
et je serai guéri(e).**

Communion Procession

After the priest has reverently consumed the Body and Blood of Christ he takes the paten or ciborium and approaches the communicants.

The Priest raises a host slightly and shows it to each of the communicants, saying:

Pr. The Body of Christ.

R. Amen.

When Communion is ministered from the chalice:

Pr. The Blood of Christ.

R. Amen.

After the distribution of Communion, if appropriate, a sacred silence may be observed for a while, or a psalm or other canticle of praise or a hymn may be sung. Then, the Priest says:

Pr. Let us pray.

Prayer after Communion

All stand and pray in silence for a while, unless silence has just been observed. Then the Priest says the Prayer after Communion, at the end of which the people acclaim:

R. Amen.

Présentant l'hostie à ceux qui communient, le prêtre dit à chacun:

Pr. Le Corps du Christ.
R: Amen.
A ceux qui communient à la coupe, il dit:
Pr. Le Sang du Christ.
R: Amen.
Après cela, le prêtre peut s'asseoir. On peut observer, pendant un certain temps, un silence sacré. Ensuite, debout au siège ou à l'autel, le prêtre dit:
Pr. Prions.
A la fin de la prière, le peuple répond:

A. Amen.

The Concluding Rites

The Mass closes, sending the faithful forth to put what they have celebrated into effect in their daily lives.

Any brief announcements follow here. Then the dismissal takes place.

Pr. The Lord be with you.
R. And with your spirit.

The Priest blesses the people, saying:
Pr. May almighty God bless you,
the Father, and the Son, and the Holy Spirit.
R. Amen.

Then the Deacon, or the Priest himself says the Dismissal:
Pr. Go forth, the Mass is ended.
R. Thanks be to God. *Or:*
Pr. Go and announce the Gospel of the Lord.
R. Thanks be to God. *Or:*
Pr. Go in peace, glorifying the Lord by your life.
R. Thanks be to God. *Or:*
Pr. Go in peace.
R. Thanks be to God.

Then the Priest venerates the altar as at the beginning. After making a profound bow with the ministers, he withdraws.

Rite de Conclusion

On fera ici, si c'est utile, de brèves annonces au peuple.

Pr. Le Seigneur soit avec vous.
A. Et avec votre esprit.

Pr. Que Dieu tout-puissant vous bénisse,
le Père, le Fils et le Saint Esprit.
A. Amen.

Il les congédie:
Pr. Allez dans la paix du Christ.
A. Nous rendons grâce à Dieu.

Common Prayers

The Benedictus

Blessed be the Lord, the God of Israel!
He has visited his people and redeemed them.
>He has raised up for us a mighty saviour
>in the house of David his servant,
>as he promised by the lips of holy men,
>those who his prophets from of old.

A saviour who would free us from our foes,
from the hands of all who hate us.
So his love for our fathers is fulfilled
and his holy covenant remembered.
>He swore to Abraham our father to grant us,
>that free from fear, and saved
>from the hands of our foes,
>we might serve him in holiness and justice
>all the days of our life in his presence.

As for you little child,
you shall be called a prophet of God, the Most High.
You shall go ahead of the Lord
to prepare a way for him,
>To make known to his people their salvation,
>through forgiveness of all their sins,
>the loving kindness of the heart of our God
>who visits us like the dawn from on high.

He will give light to those in darkness,
those who dwell in the shadow of death,
and guide us into the way of peace. (*Lk* 1:68-79)

Prières Courantes

Béni soit le Seigneur (Benedictus)

Béni soit le Seigneur, le Dieu d'Israël,
parce qu'il a visité son peuple pour accomplir sa libération.
Dans la maison de David, son serviteur,
il a fait se lever une force qui nous sauve.
C'est ce qu'il avait annoncé autrefois par la bouche de ses saints prophètes :
le salut qui nous délivre de nos adversaires,
des mains de tous nos ennemis.
Il a montré sa miséricorde envers nos pères,
il s'est rappelé son Alliance sainte :
il avait juré à notre père Abraham
qu'il nous arracherait aux mains de nos ennemis,
et nous donnerait de célébrer sans crainte notre culte devant lui,
dans la piété et la justice, tout au long de nos jours.
Et toi, petit enfant, on t'appellera prophète du Très-Haut,
car tu marcheras devant le Seigneur
pour lui préparer le chemin,
pour révéler à son peuple qu'il est sauvé,
que ses péchés sont pardonnés.
Telle est la tendresse du cœur de notre Dieu;
grâce à elle, du haut des cieux, un astre est venu nous visiter;
il est apparu à ceux qui demeuraient dans les ténèbres
et dans l'ombre de la mort,
pour guider nos pas sur le chemin de la paix. (*Lc* 1:68-79)

The Angelus

May be said morning, noon, and night, to put us in mind that God the Son became man for our salvation.

V. The Angel of the Lord declared to Mary:

R. And she conceived of the Holy Spirit.
   Hail Mary...

V. Behold the handmaid of the Lord:

R. Be it done to me according to your word.
   Hail Mary...

V. And the Word was made Flesh:

R. And dwelt among us.
   Hail Mary...

V. Pray for us, O holy Mother of God.

R. That we may be made worthy of the promises of Christ.

Let us pray:

Pour forth, we beseech you, O Lord, your grace into our hearts, that we, to whom the Incarnation of Christ, your Son, was made known by the message of an angel, may by his passion and cross be brought to the glory of his resurrection, through the same Christ our Lord. **R. Amen.**

Angélus

L'Angélus peut être prié le matin, à midi et le soir.

V. L'ange du Seigneur annonça à Marie.
R. Et Elle conçut du Saint Esprit.
   Je vous salue, Marie…
V. Voici la servante du Seigneur.
R. Qu'il me soit fait selon ta parole.
   Je vous salue, Marie…
V. Et le Verbe s'est fait chair.
R. Et Il a habité parmi nous.
   Je vous salue, Marie…
V. Priez pour nous, Sainte Mère de Dieu
R. Afin que nous devenions dignes des promesses de Jésus Christ.

Prions:

Nous te supplions, Seigneur, de répandre ta grâce dans nos âmes, afin qu'ayant connu, par la voix de l'ange, l'Incarnation de ton Fils Jésus Christ, nous arrivions par sa Passion et par sa Croix, à la gloire de sa Résurrection. Nous te le demandons par Jésus Christ notre Seigneur. **R. Amen.**

Magnificat

My soul glorifies the Lord,
my spirit rejoices in God, my Saviour.
He looks on his servant in her lowliness;
henceforth all ages will call me blessed.

    The Almighty works marvels for me.
    Holy his name!
    His mercy is from age to age,
    on those who fear him.

He puts forth his arm in strength
and scatters the proud-hearted.
He casts the mighty from their thrones
and raises the lowly.

    He fills the starving with good things,
    sends the rich away empty.

He protects Israel, his servant,
remembering his mercy,
the mercy promised to our fathers,
to Abraham and his sons for ever. (*Lk* 1:46-55)

    Glory be to the Father …

THE HOLY ROSARY

I. The Five Joyful Mysteries (Mondays, Saturdays)

1. The Annunciation.
2. The Visitation.
3. The Nativity.
4. The Presentation in the Temple.
5. The Finding of the Child Jesus in the Temple.

Mon âme exalte le Seigneur (Magnificat)

Mon âme exalte le Seigneur,
Exulte mon esprit en Dieu, mon Sauveur!
Il s'est penché sur son humble servante;
désormais tous les âges me diront bienheureuse.
Le Puissant fit pour moi des merveilles:
Saint est son nom!
Son amour s'étend d'âge en âge
sur ceux qui le craignent.
Déployant la force de son bras,
il disperse les superbes.
Il renverse les puissants de leurs trônes,
il élève les humbles.
Il comble de biens les affamés,
renvoie les riches les mains vides.
Il relève Israël, son serviteur;
il se souvient de son amour,
De la promesse faite à nos pères,
en faveur d'Abraham et de sa race, à jamais. (*Lc* 1:46-55)
Gloire au Père …

LE SAINT ROSAIRE

I. Les cinq mystères joyeux (lundi, samedi)
1. L'Annonciation à Marie par l'ange Gabriel.
2. La Visitation de Marie à sa cousine Elisabeth.
3. La Naissance de Jésus à Bethléem.
4. La Purification.
5. Jésus retrouvé au Temple.

II. The Five Mysteries of Light (Thursdays)

1. The Baptism of the Lord.
2. The Marriage at Cana.
3. The Proclamation of the Kingdom.
4. The Transfiguration.
5. The Institution of the Eucharist.

III. The Five Sorrowful Mysteries (Tuesdays, Fridays)

1. The Prayer and Agony in the Garden.
2. The Scourging at the Pillar.
3. The Crowning with Thorns.
4. The Carrying of the Cross.
5. The Crucifixion and Death of our Lord.

IV. The Five Glorious Mysteries (Wednesdays, Sundays)

1. The Resurrection.
2. The Ascension of Christ into Heaven.
3. The Descent of the Holy Spirit on the Apostles.
4. The Assumption.
5. The Coronation of the Blessed Virgin Mary in Heaven and the Glory of all the Saints.

The Hail Holy Queen

Hail, holy Queen, mother of mercy; hail, our life, our sweetness, and our hope! To you do we cry, poor banished children of Eve; to you do we send up our sighs, mourning and weeping in this vale of tears. Turn then, most gracious advocate, your eyes of mercy towards us; and after this our exile, show to us the blessed fruit of your womb, Jesus. O clement, O loving, O sweet Virgin Mary.

II. Les cinq mystères lumineux (jeudi)
1. Le Baptême de Jésus dans le Jourdain.
2. Les Noces de Cana.
3. La Prédication du Royaume de Dieu.
4. La Transfiguration.
5. L'Institution de l'Eucharistie.

III. Les cinq mystères douloureux (mardi, vendredi)
1. L'Agonie de Jésus au Jardin des Oliviers.
2. La Flagellation de Jésus.
3. Le Couronnement d'épines.
4. Le Portement de la Croix.
5. La Mort de Jésus sur la Croix.

IV. Les cinq mystères glorieux (mercredi, dimanche)
1. La Résurrection de Jésus.
2. L'Ascension de Jésus au ciel.
3. La Pentecôte.
4. L'Assomption de la SainteVierge au ciel.
5. Le Couronnement de la Sainte Vierge et la gloire de tous les Saints.

Salut, Reine, mère de miséricorde (Salve Regina)
Salut, Reine, mère de miséricorde; notre vie, notre douceur et notre espérance, salut. Vers toi nous crions, nous les enfants d'Eve exilés. Vers toi nous soupirons, gémissant et pleurant dans cette vallée de larmes. Alors, toi qui es notre avocate, tourne vers nous tes yeux pleins de miséricorde. Et après cet exil, montre-nous Jésus, le fruit béni de tes entrailles, O clémente, o miséricordieuse, o douce Vierge Marie.

V. Pray for us, O holy Mother of God.

R. That we may be made worthy of the promises of Christ.

Let us pray: O God, whose only-begotten Son, by his life, death and resurrection, has purchased for us the rewards of eternal life; grant, we beseech you, that meditating on these Mysteries of the most holy Rosary of the Blessed Virgin Mary, we may both imitate what they contain, and obtain what they promise, through the same Christ our Lord. **R**. **Amen.**

Litany of the Blessed Virgin Mary

Lord have mercy.
Lord have mercy.
Christ have mercy.
Christ have mercy.
Lord have mercy.
Lord have mercy.
Christ hear us.
Christ graciously hear us.
God the Father of heaven,
have mercy on us. (repeat)
God the Son, Redeemer of the world,
God the Holy Spirit,
Holy Trinity, one God,

Holy Mary,
pray for us. (repeat)
Holy Mother of God,
Holy Virgin of virgins,
Mother of Christ,
Mother of divine grace,
Mother most pure,
Mother most chaste,
Mother inviolate,
Mother undefiled,
Mother most lovable,
Mother most admirable,
Mother of good counsel,
Mother of our Creator,

V. Prie pour nous, Sainte Mère de Dieu.

R. Afin que nous soyons rendus dignes des promesses du Christ.

Prions. O Dieu, dont le Fils unique, par sa vie, sa mort et sa résurrection, nous a mérité les récompenses du salut éternel, faites que, méditant ces mystères dans le très saint Rosaire de la bienheureuse Vierge Marie, nous mettions à profit les leçons qu'ils contiennent afin d'obtenir ce qu'ils nous font espérer. Par le même Jésus Christ, votre Fils notre Seigneur. **Amen.**

LITANIES DE LA SAINTE VIERGE

Seigneur, prends pitié.
Seigneur, prends pitié.
O Christ, prends pitié.
O Christ, prends pitié.
Seigneur, prends pitié.
Seigneur, prends pitié.
Christ, écoute-nous.
Christ, exauce-nous.
Père du ciel, Seigneur Dieu,
prends pitié de nous.
Fils, Rédempteur du monde,
Seigneur Dieu, …
Saint Esprit, Seigneur Dieu,
Sainte Trinité, un seul Dieu,

Sainte Marie,
priez pour nous.
Sainte Mère de Dieu,
Sainte Vierge des vierges,
Mère du Christ,
Mère de l'Eglise,
Mère de la divine grâce,
Mère très pure,
Mère très chaste,
Mère toujours vierge,
Mère sans tache,
Mère aimable,
Mère admirable,
Mère du bon conseil,

Mother of our Saviour,
Virgin most prudent,
Virgin most venerable,
Virgin most renowned,
Virgin most powerful,
Virgin most merciful,
Virgin most faithful,
Mirror of justice,
Seat of wisdom,
Cause of our joy,
Spiritual vessel,
Vessel of honour,
Singular vessel of devotion,
Mystical rose,
Tower of David,
Tower of ivory,
House of gold,
Ark of the covenant,
Gate of heaven,
Morning Star,
Health of the sick,
Refuge of sinners,
Comfort of the afflicted,
Help of Christians,

Queen of Angels,
Queen of Patriarchs,
Queen of Prophets,
Queen of Apostles
Queen of Martyrs,
Queen of Confessors,
Queen of Virgins,
Queen of all Saints,
Queen conceived without original sin,
Queen assumed into heaven,
Queen of the most holy Rosary,
Queen of the Family,
Queen of Peace.

Lamb of God, you take away the sins of the world,
Spare us, O Lord
Lamb of God, you take away the sins of the world,
Graciously hear us, O Lord
Lamb of God, you take away the sins of the world,
Have mercy on us

Mère du Créateur,
Mère du Sauveur,
Vierge très prudente,
Vierge vénérable,
Vierge digne de louange,
Vierge puissante,
Vierge clémente,
Vierge fidèle,
Miroir de justice,
Trône de la Sagesse,
Cause de notre joie,
Vase spirituel,
Vase d'honneur,
Vase insigne de dévotion,
Rose mystique,
Tour de David,
Tour d'ivoire,
Maison d'or,
Arche de l'alliance,
Porte du ciel,

Etoile du matin,
Santé des infirmes,
Refuge des pécheurs,
Consolatrice des affligés,
Secours des chrétiens,

Reine des Anges,
Reine des Patriarches,
Reine des Prophètes,
Reine des Apôtres,
Reine des Martyrs,
Reine des Confesseurs,
Reine des Vierges,
Reine de tous les Saints,
Reine conçue sans le péché originel,
Reine élevée au ciel,
Reine du très saint Rosaire,
Reine de la famille,
Reine de la paix,

Agneau de Dieu qui enlèves les péchés du monde,
épargne-nous, Seigneur.
Agneau de Dieu qui enlèves les péchés du monde,
exauce-nous Seigneur.
Agneau de Dieu qui enlèves les péchés du monde,
prends pitié de nous.

V. Pray for us, O holy Mother of God.
R. That we may be made worthy of the promises of Christ.
Let us pray:
Lord God, give to your people the joy of continual health in mind and body. With the prayers of the Virgin Mary to help us, guide us through the sorrows of this life to eternal happiness in the life to come. Grant this through our Lord Jesus Christ, your Son, who lives and reigns with you and the Holy Spirit, one God, for ever and ever.
R. Amen.

The Memorare

Remember, O most loving Virgin Mary, that it is a thing unheard of, that anyone ever had recourse to your protection, implored your help, or sought your intercession, and was left forsaken. Filled therefore with confidence in your goodness I fly to you, O Mother, Virgin of virgins. To you I come, before you I stand, a sorrowful sinner. Despise not my poor words, O Mother of the Word of God, but graciously hear and grant my prayer. Amen.

The Regina Cæli

V. O Queen of heaven, rejoice! Alleluia.
R. For he whom you did merit to bear, Alleluia,

V. Has risen as he said. Alleluia.
R. Pray for us to God. Alleluia.

R. Priez pour nous, Sainte Mère de Dieu.
V. Afin que nous devenions dignes des promesses de Jésus Christ.
Prions:
Seigneur Dieu, daigne accorder à nous, tes serviteurs, la grâce de jouir constamment de la santé de l'âme et du corps; et, par la glorieuse intercession de la bienheureuse Marie toujours Vierge, délivre-nous de la tristesse du temps présent, et fais-nous jouir de l'éternelle félicité. Par Jésus Christ notre Seigneur.
Amen.

Souvenez-vous (Memorare)

Souvenez-vous, ô très miséricordieuse Vierge Marie, qu'on n'a jamais entendu dire qu'aucun de ceux qui ont eu recours à vous, imploré votre protection ou réclamé votre secours, ait été abandonné. Animé de cette confiance, ô Vierge des vierges, ô ma Mère, je cours, je viens à vous et, gémissant sous le poids de mes péchés, je me prosterne à vos pieds. Ô Mère du Verbe Incarné, ne rejetez pas mes prières, mais écoutez-les favorablement et daignez les exaucer. Amen.

Reine du Ciel (Regina Caeli)

V. Reine du Ciel, réjouis-toi, alléluia!
R. Car Celui que tu as mérité de porter, alléluia!
V. Est ressuscité comme Il l'a dit, alléluia!
R. Prie Dieu pour nous, alléluia!

V. Rejoice and be glad, O Virgin Mary, Alleluia,
R. For the Lord has risen indeed, Alleluia.
Let us pray:
God our Father, you give joy to the world by the resurrection of your Son, our Lord Jesus Christ. Through the prayers of his mother, the Virgin Mary, bring us to the happiness of eternal life. We ask this through our Lord Jesus Christ, your Son, who lives and reigns with you and the Holy Spirit, one God, for ever and ever. **R. Amen.**

An Act of Contrition

O my God, I am sorry and beg pardon for all my sins, and detest them above all things, because they deserve your dreadful punishments, because they have crucified my loving Saviour Jesus Christ, and, most of all, because they offend your infinite goodness; and I firmly resolve, by the help of your grace, never to offend you again, and carefully to avoid the occasions of sin. Amen.

Act of Faith

My God, I believe in you and all that your Church teaches, because you have said it, and your word is true.

Act of Hope

My God, I hope in you, for grace and for glory, because of your promises, your mercy and your power.

V. Réjouis-toi Vierge Marie, alléluia!
R. Car le Seigneur est vraiment ressuscité, alléluia!
Prions:
O Dieu qui, par la Résurrection de ton Fils, notre Seigneur Jésus Christ, as fait briller la joie dans le monde; daigne, par l'intercession de la Vierge Marie, sa Mère, nous conduire aux joies de la vie éternelle, par le Christ notre Seigneur. **R. Amen.**

Acte de contrition
Mon Dieu, j'ai un très grand regret de t'avoir offensé, parce que tu es infiniment bon, infiniment aimable et que le péché te déplaît; pardonne-moi par les mérites de Jésus Christ mon Sauveur; je me propose, avec ta sainte grâce, de ne plus t'offenser et de faire pénitence.

Acte de foi
Mon Dieu, je crois fermement toutes les vérités que tu as révélées, et que tu nous enseignes par ton Eglise, parce que tu ne peux ni te tromper, ni nous tromper.

Acte d'espérance
Mon Dieu, j'espère, avec une ferme confiance que tu me donnes, par les mérites de Jésus Christ, ta grâce en ce monde, et, si j'observe tes commandements, le bonheur éternel dans l'autre, parce que tu l'as promis, et que tu es toujours fidèle à tes promesses.

Act of Charity

My God, because you are so good, I love you with all my heart, and for your sake, I love my neighbour as myself.

Eternal Rest

V. Eternal rest grant to them, O Lord.
R. And let perpetual light shine upon them.
V. May they rest in peace.
R. Amen.
V. O Lord, hear my prayer.
R. And let my cry come to you.

Let us pray:

O God, the Creator and Redeemer of all the faithful, grant to the souls of your servants departed the remission of all their sins, that through our pious supplication they may obtain that pardon which they have always desired; who live and reign for ever and ever. **R. Amen.**

Prayer to my guardian angel

O angel of God, my guardian dear to whom God's love commits me here. Ever this night (day) be at my side to light, to guard, to rule and guide. Amen.

Acte de charité

Mon Dieu, je t'aime de tout mon cœur, et par-dessus toutes choses, parce que tu es infiniment bon et infiniment aimable, et j'aime mon prochain comme moi-même, pour l'amour de toi.

Prière pour les âmes du purgatoire

V. Donne-leur, Seigneur, le repos éternel
R. Et que la lumière sans fin brille sur eux.
V. Qu'ils reposent en paix.
R. Amen.
V. Seigneur, exauce ma prière
R. Et que mon cri monte jusqu'à Toi!
Prions:
O Dieu, Créateur et Rédempteur de tous les fidèles, accorde aux âmes de tes fidèles serviteurs et servantes défunts, la rémission de tous leurs péchés, afin qu'elles obtiennent par ces pieuses supplications, l'indulgence qu'elles ont toujours désirée. Toi qui vis et règnes dans les siècles des siècles. **R. Amen.**

Prière à l'Ange gardien

Ange de Dieu, tu es mon gardien,
éclaire-moi, garde-moi, conduis-moi, gouverne-moi ;
la bonté céleste m'a confié(e) à toi. Amen.

Anima Christi

Soul of Christ, sanctify me.
Body of Christ, save me.
Blood of Christ, inebriate me.
Water from the side of Christ, wash me.
Passion of Christ, strengthen me.
O good Jesus, hear me.
Within thy wounds hide me.
Suffer me not to be separated from thee.
From the malicious enemy defend me.
In the hour of my death call me,
And bid me to come to thee.
That with thy saints I may praise thee,
For all eternity. Amen.

Under Your Protection

We fly to thy protection, O holy Mother of God. Despise not our petitions in our necessities, but deliver us always from all dangers O glorious and blessed Virgin.

Âme de Jésus Christ (Anima Christi)

Âme de Jésus Christ, sanctifiez-moi.
Corps de Jésus Christ, sauvez-moi.
Sang de Jésus Christ, enivrez-moi.
Eau du côté de Jésus Christ, lavez-moi.
Passion de Jésus Christ, fortifiez-moi.
O bon Jésus, exaucez-moi.
Cachez-moi dans vos plaies.
Ne permettez pas que je sois jamais séparé de vous.
Défendez-moi contre la malice de mes ennemis.
Appelez-moi à l'heure de ma mort.
Et ordonnez-moi d'aller avec vous
Afin que je vous loue avec vos Saints
Dans tous les siècles des siècles. Amen.

Sous votre protection

Sous votre protection nous venons nous réfugier, sainte Mère de Dieu; ne rejetez pas les prières que nous vous adressons dans tous nos besoins; mais délivrez-nous de tous les dangers, Vierge glorieuse et bénie.